AF476773

LES

COMPAGNONS

DU DEVOIR.

ORIGINE, CAUSES DES DISSENSIONS, RÉCONCILIATION GÉNÉRALE.

« Ramener les ouvriers au devoir de la religion et de la paix, sans rien prendre sur leur liberté et leur indépendance, serait certainement l'œuvre d'un bon citoyen. »

Lettre de CHATEAUBRIAND à

M. AGRICOL **PERDIGUIER**,

Auteur du Livre du Compagnonage.

PRIX : 25 centimes.

PARIS,

BARBA,
4 BIS, RUE DE LA PAIX.

GARNOT,
7, RUE PAVÉE-SAINT-ANDRÉ.

1848

Imprimerie de RAYNAL, à Rambouillet.

LES

COMPAGNONS

DU DEVOIR.

Voilà sept ou huit ans bientôt que parut le *Livre du Compagnonage*, par M. Agricol Perdiguier, dit Avignonais-la-Vertu. L'apparition de cet ouvrage, remarquable à plus d'un titre, ne fit aucun bruit dans ce que l'on appelait alors le monde littéraire; les économistes daignèrent à peine y faire attention; c'était de la pratique et non de la théorie; il ne fut point un objet de rivalité pour les romans licencieux et immoraux qui déjà étaient en possession des journaux; mais les hommes doués d'un esprit réellement supérieur y virent tout à la fois la preuve d'un grand progrès déjà accompli et l'indice d'un progrès nouveau marchant rapidement vers sa maturité. Béranger, l'abbé de Lamennais, Georges Sand, cette femme qui a conquis le droit de figurer au nombre des hommes les plus illustres de son temps, Châteaubriand et M. de Lamartine s'empressèrent à l'envi d'adresser à l'auteur leurs sincères félicitations. Ce sont les propres termes de M. de Lamartine dans la lettre que nous allons rapporter textuellement. Nous la citons d'autant plus volontiers qu'elle est imprimée depuis huit ans.

« Je viens de lire, Monsieur, le *Livre du Compagnonage*, que vous avez bien voulu m'envoyer, et je m'empresse de vous en adresser mes sincères félicitations. Cet ouvrage, plein d'intérêt et d'une utilité réelle, *ne peut manquer d'atteindre le but vers lequel vous marchez :* l'extinction des haines qui divisent les différents corps d'état. C'est là une noble tâche ! Honneur à celui qui emploie ainsi ses heures de repos et son intelligence. »

Aujourd'hui *le but est atteint*, et l'on peut dire que jamais prédiction ne fut plus ponctuellement accomplie. C'est avec une joie profondément ressentie, que tout Paris a vu les compagnons de tous les devoirs, actuellement dans la capitale, abjurer leurs inimitiés passées, non pas comme un sacrifice accordé à des sollications, mais dans l'élan mutuel et spontané d'un enthousiasme vraiment fraternel. Le jour où cette magnanime réconciliation eut lieu sur la place de l'Hôtel-de-Ville, en présence du gouvernement provisoire et aux acclamations de la population entière, fut, sans contredit, un des plus beaux jours qui aient éclairé notre naissante république. Puisse cet exemple avoir partout de nombreux imitateurs ! puisse surtout ce religieux esprit de concorde et de réunion donner une leçon salutaire à tous ceux qui voudraient encore essayer de scinder la France en partis rivaux ou ennemis ! Le compagnonage n'admet pas des compagnons de la veille en opposition avec les compagnons du lendemain. Quant à l'auteur du *Livre du Compagnonage*, il peut légitimement se glorifier des nombreux suffrages dont ses concitoyens ont appuyé sa candidature à l'assemblée nationale constituante dans le département de la Seine, et nous sommes convaincus que la réconciliation spontanée des compagnons de tous les devoirs n'a pas été étrangère à la manifestation des électeurs de Paris. Il est permis, d'ailleurs, de considérer leur vote non seulement comme un hommage rendu aux travailleurs, dans la personne de l'un d'eux, mais, en outre, comme une protestation légale contre le communisme, dont le triomphe, ainsi que nous l'avons dit ailleurs (1), aurait eu pour résultat infaillible l'anéantissement et la ruine du travail, et par conséquent de la société tout entière.

Non, les compagnons ne sont pas communistes ; ils ne peuvent pas l'être, puisqu'ils représentent l'élite des travailleurs expérimentés. On en compte plus de cent mille en France. Ce sont nécessairement des hommes d'ordre et de progrès qu'anime une émulation traditionnelle. Pour s'en convaincre, il suffira d'examiner en peu de mots l'origine et l'esprit de leur institution, qui remonte aux temps les plus reculés, et qui a survécu à tous les gouvernements, à toutes les révolutions qui les avaient enfantés. C'est que, en effet, on ne détruit pas les institutions vivaces, fidèles à leurs principes, à leurs lois; celles que l'on voit s'écrouler au moindre souffle, elles s'étaient déjà détruites elles-mêmes, et ne se tenaient plus debout que comme serait un cadavre en équilibre.

Le compagnonage tient essentiellement à l'observance de ses lois de famille placées en dehors de toute politique, basées sur le *devoir*, sur l'esprit d'association ; l'esprit religieux y préside, car le compagnonage est placé sous l'invocation de Dieu et des saints patrons que se sont choisis les divers états. Comme il n'a pas de chef vivant, nul ne peut aspirer à le devenir, ce qui le préserve de toute désastreuse idée d'ambition. Les compagnons tiennent par dessus toute chose à leur antiquité, à l'ancienneté du rite du compagnonage auquel ils sont affiliés ; leurs querelles mêmes, dont ils viennent de faire une si louable abjuration, quelque déplorables, quelque barbares qu'elles fussent, n'avaient jamais rien de déshonorant ; elles partaient au contraire d'un faux point d'honneur, dont l'analogie était frappante avec les anciennes lois de la chevalerie. Jamais un vil intérêt ne fut entre eux la cause d'un combat ; quand ils se provoquaient dans leurs

(1) *Les Travailleurs et les Communistes*, chez les mêmes éditeurs, 25 c.

rencontres, lorsque, après s'être injuriés, ils passaient des injures à des coups souvent meurtriers, c'était toujours pour faire reconnaître le droit de préséance en faveur du rite auquel ils appartenaient. C'était une vanité brutale, brutalement exprimée; mais quelle classe d'hommes, quel individu oserait se montrer trop sévère à l'endroit de la vanité et surtout de cette sottise que l'on appelle esprit de corps, et combien de fois ne nous arrive-t-il pas de blâmer dans les autres ce que nous ferions nous-mêmes !

Le lien fraternel qui unit les compagnons de chaque devoir ou état était si serré que, même pendant le régime de la terreur, qui suivit et fit avorter notre première révolution, ce lien ne fut ni rompu, ni même distendu. Les compagnons, dont nous ferons bientôt connaître le vocabulaire particulier, n'adoptèrent point alors la désignation de citoyen, ni l'usage du tutoiement. Comme par le passé, ils continuèrent à s'appeler par leurs noms de pays, ce qui explique le surnom d'Avignonais-la-Vertu, que M. Agricol Perdiguier joint ordinairement à son nom patronimique.

Le compagnonage reconnaît trois fondateurs principaux, forme plusieurs devoirs et se divise en un grand nombre de sociétés.

Les tailleurs de pierres, *compagnons étrangers*, dits *les loups*, les menuisiers et les serruriers du *devoir de liberté*, dits *les gavots*, revendiquent pour fondateur Salomon, et voilà sur quoi ils s'appuient. Selon eux Salomon, voulant les récompenser de leurs travaux, les unit fraternellement dans l'enceinte du temple que leurs mains venaient de construire.

Les menuisiers et les serruriers du devoir, dits *les dévorants*, ce qui n'est qu'une contraction du mot *dévoirants*, les tailleurs de pierres, *compagnons passants* dits *les loups-garoux*, prétendent également être sortis du temple; seulement, sans revendiquer Salomon lui-même pour fondateur, ils se contentent d'attribuer leur fondation à maître Jacques, conducteur des travaux du temple.

Enfin, les charpentiers, *compagnons passants* ou *drilles*, se donnent la même origine que les précédents; comme eux, ils datent de la construction du temple, mais ils diffèrent en ce qu'ils reconnaissent pour fondateur le père Soubise, savant dans l'art de la charpenterie.

Cet exposé succinct suffirait pour prouver que l'histoire du compagnonage, prise à toutes les époques et suivie dans ses ramifications infinies, deviendrait l'histoire de tous les arts industriels, de tous les métiers utiles. Nous n'essaierons certainement pas de toucher à une entreprise aussi vaste; cependant, comme la formation des *devoirs* entre *compagnons* a dû suivre l'établissement des métiers entés sur les états primitifs que nous venons d'énumérer, nous pensons qu'il ne sera pas hors de propos d'en dire ici quelques mots. Faisons en outre observer, avant d'aller plus loin, la communauté d'origine qui rattache les sociétés de compagnonage à la société des francs-maçons, avec la différence toutefois que celles-là ne sont jamais sorties du positif ni du cercle dans lequel elles se sont circonscrites, tandis que la société des francs-maçons ne prend sa dénomination que comme un symbole, et que, par ses grades mystiques, elle élève ses idées au delà de la sphère terrestre.

Dans l'origine, les charpentiers et les menuisiers furent assimilés les uns aux autres; mais les menuisiers ayant été plus particulièrement chargés des travaux *menus*, ils en prirent la qualification qu'ils ont toujours conservée depuis.

Les progrès du luxe, en augmentant la quantité des travaux, en altérèrent bientôt la simplicité primitive; à des besoins nouveaux, il fallut des arts et des métiers nouveaux, et ces nouveaux métiers, nés de ceux qui les avaient précédés, s'établirent sous leur patronage et en relevèrent en quelque sorte; ainsi les tourneurs vinrent ajouter des ornements aux bois précédemment façonnés par les menuisiers; ainsi les serruriers furent appelés à confectionner les ferrements nécessaires à la clôture des portes et des fenêtres ; ainsi les vitriers enchâssèrent leurs carreaux transparents dans les cadres préparés par les menuisiers, de telle sorte que ce fut la corporation des menuisiers qui admit successivement aux honneurs du compagnonage les tourneurs, les serruriers et les vitriers.

Nous ne multiplierons pas ces exemples ; un seul suffit pour faire voir par quelle curieuse série de ramifications tous les états sont nés les uns des autres. Nous aimons mieux faire ressortir, comme un exemple de l'esprit de concorde, que l'on ne vit pas les enfants des plus anciens se révolter contre la suprématie originaire de leurs pères.

Chaque société de compagnons, sans avoir de chef, comme nous l'avons dit, reconnaît *une mère,* et cette désignation, ce nous semble, a quelque chose de touchant, qui démontre assez combien leur association est réellement fraternelle. La mère des compagnons est ordinairement la maîtresse de la maison où ils se réunissent pour prendre leurs repas. On a vu des mères aimer les compagnons comme s'ils étaient leurs propres enfants, et il suffit d'avoir été témoin des égards, des soins et des bons sentiments des compagnons envers la mère, pour savoir combien il existe de réciprocité dans ces affections de famille. La présence de la mère a, en outre, l'avantage de tempérer le débordement d'humeur auquel les compagnons pourraient être en proie, but que n'atteindrait pas aussi efficacement l'intervention d'un homme.

Conformément à un usage très ancien, et dont il serait superflu de faire ressortir l'utilité, les compagnons de tous les *devoirs* commencent leur carrière en faisant leur tour de France. Par ce moyen, ils se mettent à même d'apprécier à quel degré de perfection est parvenu l'état qu'il exercent dans les diverses localités. Quant à la qualification que prennent, dans ces voyages, les compagnons, elle n'est pas la même pour tous. Ainsi par exemple les tailleurs de pierres et les charpentiers se disent *coterie*, tandis que les compagnons appartenant à tous les autres états se disent *pays*.

Les menuisiers et les serruriers du devoir ne portent pas de surnoms. Parmi ceux qui en prennent, on doit signaler quelques variantes. Les uns font passer le surnom qu'ils ont adopté avant le nom de leur pays, tandis que d'autres placent en première ligne le nom du pays, qu'ils font suivre de leur surnom. Les tailleurs de pierres se conforment au premier de ces deux usages; les cloutiers, les cordiers, les chapeliers et beaucoup d'autres états observent le second. Ainsi, qu'un compagnon tailleur de pierres d'Orléans et un compagnon chapelier de la même ville se soient surnommés, l'un *le Résolu*, et l'autre *le Décidé*, le tailleur de pierres se fera appeler le *Résolu d'Orléans*, et le chapelier *Orléanais-le-Décidé*. Ces sortes de sobriquets, sous lesquels les compagnons peuvent se réfugier aisément, ont plus d'une fois servi à dépister les poursuites de la justice, car il est bien rare qu'on connaisse les compagnons sous leur véritable nom dans les chantiers et dans les ateliers où ils travaillent, non plus que dans les garnis où ils logent pour la plupart.

Parmi les compagnons, il en est qui *hurlent*, d'autres qui ne *hurlent* pas. Nous n'avons pas besoin de faire observer que cette différence provient de ce que le mot *hurler* peut s'appliquer seulement à ceux des compagnons qui se disent *loups* et *loups-garoux*, tels que les tailleurs de pierres, *compagnons étrangers* et les tailleurs de pierres *compagnons passants*.

Parlons maintenant d'un mot qui appartient à tout le compagnonage, et qui joue un grand rôle dans la vie des compagnons de tous les devoirs ; c'est le mot *toper*. Ne donnons cependant pas cela comme une règle tout à fait générale, car elle a son exception : les compagnons serruriers et menuisiers du *devoir de liberté* sont en effet les seuls qui ne *topent* pas.

Voici actuellement la signification du mot toper, et quelle est l'action qu'il exprime.

Le *topage* est le moyen à l'aide duquel se reconnaissent deux compagnons qui viennent à se rencontrer. Ils font par conséquent ce que, dans la franc-maçonnerie, on appelle se *tuiler*.

Lorsque deux compagnons sont à la distance d'environ vingt pas l'un de l'autre, ils s'arrêtent et se posent d'une certaine manière; alors s'engage entre eux un échange de demandes et de réponses ainsi formulées :

« Tope! — Tope! — Quelle vocation? — Charpentier; et vous le pays? — Tailleur de pierres. — Compagnon? — Oui, le pays; et vous? — Compagnon aussi. »

Après ce *topage*, toujours le même, les deux compagnons se demandent à quel devoir ils appartiennent. S'ils sont du même devoir, ils se livrent aux manifestations de la joie la plus excentrique; c'est à qui des deux fêtera l'autre; ils boivent à la même gourde, comme autrefois les anciens buvaient à la même coupe, en signe d'alliance et d'amitié; il faudrait qu'il n'y eût pas un cabaret dans la contrée, ce qui est heureusement fort rare en France, pour qu'on ne les vît pas bientôt à la même table, entrechoquant leurs verres avec toute l'expansion de deux amis qui se retrouvent, quand bien même ils se verraient pour la première fois.

Voilà sans doute un des beaux côtés du compagnonage, car rien n'est plus édifiant que cette confiance réciproque qui s'établit à la première vue, sur parole, à cause de cela seulement qu'ils se livrent aux mêmes travaux, qu'ils appartiennent enfin au même devoir. Mais cette médaille a... nous sommes heureux de pouvoir dire avait un terrible revers.

Dans son origine, le topage n'avait qu'un but louable; les ouvriers voyageurs n'y cherchaient qu'un moyen de se reconnaître, afin de pouvoir fraterniser ensemble; mais ce qui n'était que bon dans le principe devint une coutume affreuse dans ses résultats; à côté du bonheur de sympathiser avec des frères, vint se placer la joie féroce de triompher d'un émule regardé comme un ennemi. Combien de rixes sanglantes, combien de meurtres survenus à la suite de ces fatales rencontres, et combien en a enregistré la *Gazette des Tribunaux* parmi les crimes contemporains! Ne craignons donc pas de le répéter : Honneur soit aux compagnons qui ont renoncé à ces affreux combats. La révolution de février n'aurait pas produit d'autres bienfaits, qu'il faudrait la bénir pour cela seulement qu'elle a inspiré la réconciliation générale des compagnons. Or, si nous avons quelque connaissance du cœur humain, nous pouvons prédire à coup sûr que cette réconciliation est d'autant plus sincère et sera d'autant plus durable, que l'inimitié à laquelle elle succède était profonde et acharnée, comme le sont au surplus toutes les inimitiés qui ne reposent sur aucune cause réelle. Nous pardonnons plus aisément à qui nous a offensé qu'à ceux dont l'offense n'existe que dans une prévention fatale et acrimonieuse de notre imagination.

M. Agricol Perdiguier, dont nous avons lu l'ouvrage à l'époque de son apparition, s'élevait de toutes ses forces contre ces rixes sanglantes, ainsi que l'on a pu en juger par la lettre de M. de Lamartine. Parmi les exemples qu'il en citait, il en est un qui nous a tellement frappé, que nous n'avons pu l'oublier. Deux frères, oui, deux frères, compagnons l'un et l'autre, mais appartenant à des devoirs différents, renouvelèrent l'horrible combat d'Etéocle et de Polynice.

De ces deux frères, l'un était compagnon cordonnier, l'autre, un compagnon maréchal-ferrant. A peine ils se furent *topés,* qu'ils vomirent l'un contre l'autre un déluge d'invectives, ayant toutes pour but de prouver la prééminence de leur état. Les paroles ne suffisant plus à l'écoulement de leur fureur, ils se ruèrent l'un sur l'autre. Le combat fut long et opiniâtre et le sang coula des deux côtés. Les malheureux étaient tellement aveuglés par la colère qu'ils ne se reconnurent pas tant que dura cette lutte acharnée et longtemps égale. Cependant la victoire, si l'on peut ici profaner ce mot, resta au compagnon cordonnier. Le maréchal-ferrant, exténué de fatigue, meurtri, saignant, venait de tomber, et il baignait de son sang la poussière du chemin. Qui le croirait! la rage du vainqueur n'était pas assouvie ; au contraire, sa fureur s'irritant à la vue du sang de son ennemi, il continua à le déchirer encore après l'avoir renversé. Qu'on juge de son désespoir lorsque, un moment de lucidité lui étant enfin revenu, il reconnut son frère! Blessés tous les deux, quoique d'une manière très inégale, les deux frères furent conduits à la ville voisine par un autre compagnon, spectateur du combat.

Comment, demandera-t on sans doute, ce témoin ne s'était-il pas interposé pour prévenir ce combat, ou du moins pour séparer les combattants? Une pareille question ne sera pas faite par ceux qui savent quelle rage acharnée préside à ces sortes de rixes. Ils ne peuvent ignorer que si, dans la rencontre dont nous venons de parler, un témoin, quel qu'il fût, eût essayé de calmer les deux combattants, ceux-ci se fussent rués sur lui, qu'il eût été infailliblement victime de leur fureur, et que, ensuite, ils eussent recommencé à se battre avec un redoublement de barbarie. Qui ne sait l'effet que produit la vue du sang sur un homme dont la colère est montée à à son paroxisme!

Voilà cependant à quel degré de barbarie les compagnons étaient parvenus quand ils trouvaient sur leur chemin des compagnons d'un autre devoir; mais c'était à la corruption de leur institution et non à leur institution elle-même qu'il fallait s'en prendre. Revenus à leurs principes originaires, c'est une réformation salutaire qu'ils se sont imposée dans un de ces bons mouvements qu'inspire le retour des idées généreuses. L'exemple que les compagnons ont donné à la France mériterait selon nous d'être mis à l'ordre du jour de l'armée, car là non plus les querelles de corps ne sont pas rares entre les régiments, et toujours pour faire triompher le vain honneur d'une préséance imaginaire. Le duel aussi devra suivre l'impulsion donnée par les compagnons des différents devoirs, et ainsi le compagnonage se sera marqué une belle place dans l'histoire d'une époque si féconde en événements. Que si d'ailleurs nous sommes revenu sur ce sujet avec insistance, c'est que nous nous plaisons beaucoup plus à enregistrer le bien que le mal, quoiqu'il soit moins dramatique.

Si nous n'étions pas seulement les *menuisiers* des choses de ce temps, — qualification qui nous convient, puisque nous n'y touchons que par *le menu*, — nous nous livrerions à des considérations d'un ordre plus élevé pour examiner quelle sera l'existence probable du compagnonage dans notre société régénérée. Subira-t-il des modifications qui en dénatureront le principe, comme étant contraire aux lois d'une parfaite égalité ? Ou bien se conservera-t-il intact, soit en louvoyant comme il l'a fait pendant la première révolution, soit en se montrant au grand jour de la république, malgré les puritains qui ne manqueront pas de crier au privilége ? Nous renvoyons ces graves questions aux *charpentiers* de l'histoire contemporaine, et nous restons dans notre *menu*. Si cependant, nous osions hasarder notre avis, nous dirions que tout privilége cesse d'être un privilége aussitôt qu'il devient facultatif et qu'il est accessible à tout le monde. Que si l'on supprimait toute hiérarchie dans les corps de métiers, parmi les travailleurs, que répondrait-on à ceux qui demanderaient pourquoi on laisse subsister des grades dans l'armée ?

Nous avons comparé les haines intestines du compagnonage dégénéré, aux querelles qui naissaient d'une vaine rivalité entre tel et tel régiment ; notre comparaison n'était que trop exacte, mais le mal qui provenait de la rivalité entre les différents devoirs, était beaucoup plus grand, puisque aucune autorité ne pouvait procéder par voie de déplacement envers les compagnons comme avec les soldats. Ce mal n'existant plus, on peut sans inconvénient en signaler toute l'étendue. Par suite de ses querelles, et même en dehors de leur funeste influence, le compagnonage exerça plusieurs fois des actes collectifs d'une tyrannie qui frappait une fraction nombreuse de la société. Ainsi on a vu des villes entières, telles que Lyon, frappées d'interdit pendant plusieurs années ; ainsi, tout récemment encore, la division était telle entre les corporations de même état que, dans Paris même, les unes exerçaient exclusivement leur industrie sur la rive gauche de la Seine, et les autres sur la rive droite. Ainsi les compagnons se partageaient Paris, et quand ils se coalisaient dans un camp pour se refuser à travailler pour tel ou tel maître ou pour aucun d'eux, il fallait, pour éviter la guerre, que ceux de l'autre camp entrassent dans la coalition.

Nous n'aimons point les coalitions parce que, bien rarement, nous les avons vues tourner à l'avantage des coalisés, et que, dans aucun cas, nous ne reconnaîtrons à celui qui a le droit incontestable de refuser son travail personnel, le droit de contraindre par la force qui que ce soit à refuser le sien. La liberté pour tous dans toute l'étendue du territoire de la république ; la liberté pour chacun dans l'exercice de son droit individuel. Et cependant, parmi les nombreuses coalitions dont Paris s'est souvent ému pendant ces dernières années, si jamais nous n'en avons trouvé qui fussent fondées en droit, nous sommes forcé de convenir que presque toujours elles étaient fondées en raison.

Au surplus, nous avons l'heureuse certitude de parler ici de l'histoire ancienne. Les coalitions sont claquemurées dans le passé avec les querelles des compagnons des différents devoirs. Le devoir ! voilà le grand mot. Il renferme à lui seul toutes les chances de concorde et de prospérité, si chacun remplit le sien, et certes ceux que l'on appelle par habitude les maîtres, n'ont pas failli au leur, en consentant à toutes les concessions compatibles avec leur propre existence; entre eux et les travailleurs, compagnons ou autres, l'arbre de la fraternité a reverdi sous l'ombrage protecteur de l'arbre de la liberté (1).

(1) *L'Arbre de la Liberté*, in-8o, 25 centimes, chez les mêmes éditeurs.

Imprimerie de RAYNAL, à Rambouillet.

EN VENTE CHEZ LES MÊMES EDITEURS.

RÉVOLUTION DE PARIS, in-8 » 25
RÉVOLUTION DE BERLIN, in-8 » 25
REVOLUTION DE VIENNE, in-8 » 25
REVOLUTION DE POLOGNE, in-8 » 25
REVOLUTION DE MADRID, in-8 » 25
REVOLUTION D'ITALIE, in-8 » 25
REVOLUTION DE 1848 (22, 23 et 24 février). Complet, in-8 1
LE PEUPLE SOUVERAIN, Histoire populaire de la révolution de 1848, écrite sous le feu des barricades, orné du portrait de LAMARTINE (sans portrait 25 c.) in-8 » 50
LES BARRICADES, Scènes les plus saisissantes de la révolution de 1848, Illustrées d'un dessin représentant la barricade du faubourg Montmartre, le 24 février 1848. (Sans dessin 25 c.) in-8 50
LE PEUPLE EN ACTION, Traits de bravoure, de désintéressement, de générosité des patriotes parisiens, pendant les journées de la révolution de 1848. Illustré d'un dessin représentant la prise du Château-d'Eau le 24 février, in-8 » 50
Sans dessin. 25
CHANTS NATIONAUX ET PATRIOTIQUES dédiés aux républicains de 1848. Orné du portrait de BÉRANGER. in-8 50
Sans portrait. 25
POESIES NATIONALES ET REPUBLICAINES, dédiées aux patriotes de 1848. Orné du portrait de LAMARTINE. in-8 » 50
Sans portrait 25
LA RÉPUBLIQUE D'ANDORRE, in-8 » 25
LA REPUBLIQUE DE PLATON, in-8 » 25
LA POLITIQUE D'ARISTOTE, in-8 » 25
CESAR AUX ELECTIONS. (Suffrage universel.) in-8 » 25
MIRABEAU A LA CONSTITUANTE Orné du portrait de Mirabeau, avec cette épigraphe ; *Allez dire à votre maître...* (Sans portrait 25 c.) in-8 » 50
JESUS-CHRIST, Liberté, égalité, fraternité. Orné de la Sainte Face (sans la Sainte Face 25 c.) in-8 » 50
PIE IX. Orné du portrait de Sa Sainteté. in-8 » 50
Sans portrait 25
L'ARBRE DE LA LIBERTE, in-8 » 25
PRECIS HISTORIQUE DE LA REVOLUTION FRANÇAISE en 1848, 1 vol. in-8 1 25
LES COMMUNISTES ET LES TRAVAILLEURS, in-8 » 25
MANIFESTE DE LAMARTINE aux puissances étrangères in-8 » 25
Orné de son portrait, » 50
LE TELEMAQUE REPUBLICAIN in-8 » 25
MORCEAUX D'ELOQUENCE CIVIQUE, flambeau des clubs, in-8 » 25
RETABLISSEMENT DU DIVORCE, in-8 » 25
BIOGRAPHIE des Membres du Gouvernement Provisoire, in-8 » 25
Orné de leurs portraits 25 c., en sus chaque portrait.
BIOGRAPHIE des Membres de l'Asssemblée nationale, 1re livr. » 25

www.ingramcontent.com/pod-product-compliance
Ingram Content Group UK Ltd.
Pitfield, Milton Keynes, MK11 3LW, UK
UKHW021942200726
13856UKWH00005B/1733

9 782013 183536